TUTTO SUI FRULLATI

100 frullati essenziali per mantenersi in salute

Daniela Abrahams

Tutti i diritti riservati.

Disclaimer

Le informazioni contenute in i intendono servire come una raccolta completa di strategie sulle quali l'autore di questo eBook ha svolto delle ricerche. Riassunti, strategie, suggerimenti e trucchi sono solo raccomandazioni dell'autore e la lettura di questo eBook non garantisce che i propri risultati rispecchieranno esattamente i risultati dell'autore. L'autore dell'eBook ha compiuto ogni ragionevole sforzo per fornire informazioni aggiornate e accurate ai lettori dell'eBook. L'autore e i suoi associati non saranno ritenuti responsabili per eventuali errori o omissioni involontarie che possono essere trovati. Il materiale nell'eBook può includere informazioni di terzi. I materiali di terze parti comprendono le opinioni espresse dai rispettivi proprietari. In quanto tale, l'autore dell'eBook non si assume alcuna responsabilità per materiale o opinioni di terzi.

L'eBook è protetto da copyright © 2021 con tutti i diritti riservati. È illegale ridistribuire, copiare o creare lavori derivati da questo eBook in tutto o in parte. Nessuna parte di questo rapporto può essere riprodotta o ritrasmessa in qualsiasi forma riprodotta o ritrasmessa in qualsiasi forma senza il permesso scritto e firmato dell'autore.

Sommario

Le ricette Super di Frullati super sani .... Error! Bookmark not defined.

50 frullati essenziali per mantenersi in salute Error! Bookm

introduzione 9

1) FRULLATO DI DATA E CANNELLA DI TAHINI 10

2. CIOTOLA PER FRULLATO DI PATATE DOLCE [HA UN GUSTO COME TORTA DI PATATE DOLCI!] 12

3 CIOTOLA PER FRULLATO ALLA MENTA E COCCO MATCHA 14

4. YOGA GLOW SMOOTHIE + LA MIA ROUTINE DEL NUOVO MATTINO 16

5. FRULLATO VERDE ALMOND CHAI 18

6. CIOTOLA PER FRULLATO VERDE MIRTILLO 20

7. FRULLATO VERDE AL MOJITO ALL'ANANAS 22

8. FRULLATO DI MANGO AL BURRO DI MANDORLE 24

9 Ciotola per frullato con torta di carote 25

10. Holiday Detox Green Apple Smoothie 26

11 Frullato di miele e mirtilli selvatici 28

12. Berry Green Smoothie 31

13 Frullato semplice e verde al cocco 33

14. Il miglior frullato di anguria del mondo 34

15 Ricetta frullato di mango 37

16. Goji Peach Cherry Smoothie 39

17 Frullato di mango con fragole speziate alla thailandese 42

18 Frullato di acqua di cocco e mirtilli 43

19. Frullato antinfiammatorio alla curcuma 46

20. Keto Green Smoothie 49

21 Frullato di banana e burro di arachidi al cioccolato 50

22 Frullato blu 52

23 Frullato di frutta del drago 55

24 Frullato di spinaci all'avocado 56

25 FRULLATO ALLA BANANA 59

26. FRULLATO AL MIRTILLO E MIRTILLO 61

27. FRULLATO DI PESCA 63

28. FRULLATO DI ANGURIA 65

29. FRULLATO DI MIRTILLI 67

30. FRULLATO DI FARINA D'AVENA AL FRUTTO DI MIRTILLO 69

31. Smoothie alla pesca e lamponi 71

32. Frullato salutare con ingrediente segreto 73

33 Frullato di mirtilli e lime 75

34 Frullato di ananas e cocco 77

35 Frullato al cioccolato e lamponi 80

36 Frullato di lamponi e cocco 81

37. CIOTOLA PER FRULLATI VERDE 83

39. CIOTOLA PITAYA PER FRULLATO DI FRUTTI DRAGHI 88

40. TROPICALE CIOTOLA PER FRULLATO AL COCCO 89

41. CIOTOLA PER FRULLATO DI MANDORLE E MANDORLE 91

42 SEMPLICE PALEO GRANOLA 92

43 Frullato Tropicale 95

44. Smoothie di spinaci e lamponi 97

45 Burro di arachidi alla banana e frullato di datteri 99

46. Ciotola per frullato di Pitaya 100

47 Ciotola per frullato ai frutti di bosco 102

48. Smoothie verde pesca 104

49. Green Monster Smoothie 107

50. SMOOTHIE ALL'ARANCIA SENZA LATTICINI 109

CONCLUSIONE 112

Il libro di ricette per frullati per principiantiError! Bookma

50 ricette di frullati . Error! Bookmark not defined.

1 frullato di ananas alla menta 113

2. Ciotola per frullato arcobaleno verde 115

3. Ciotola per frullato tropicale 116

4. Ciotola per frullato alla curcuma 119

5. Frullato cremoso di mango e cocco 120

6. Frullato di bacche eccellenti 121

7 Frullato di more e barbabietole 124

8. Frullato booster vitaminico 126

9 cubetti di frullato di mirtilli 127

10 Frullato di pesca e melba 128

11 Frullato di banana, clementine e mango 130

12 Frullato di Açaí 133

13. Frullato di mango e frutto della passione 135

14. Frullato di frutta di bosco e banana 136

15 Gelatine frullate con gelato 138

16) Frullato di banana, miele e nocciole 140

17) Super-shake per la colazione 141

18 Latte di mandorla 143

19. Facile torta al cioccolato fondente ... 146
20. Faux gras con pane tostato e sottaceti ... 149
21. FRULLATO DI ACAI AI FRUTTI DI MIRTILLO ... 151
22 SMOOTHIE VERDE POST ALLENAMENTO ... 153
23. FRULLATO DI PERSIMMON PICCANTE ... 154
24. FRULLATO DI BARBABIETOLA DORATA, CAROTA E CURCUMA ... 156
25. FRULLATO AL COLLAGENE AL CIOCCOLATO ... 158
26. ASHEW DATE SHAKE (VEGAN, PALEO) ... 161
27 CIOTOLA PER FRULLATO AL CILIEGIO SCURO ... 162
28. PITAYA SMOOTHIE BOWL ... 164
29. Healthy Cacao, Banana, PB Smoothie ... 166
30 latte alla curcuma ... 169
31. Frullato di frutta e yogurt ... 170
32. Unicorn Smoothie ... 172
33. Smoothie proteico al cioccolato e banana ... 174
34 Frullato per la colazione cremoso ... 175
35 Frullato di frutti di bosco e cocco ... 177
36. Frullato di carote ... 179
37. Ciotola per frullato di melata ... 182
38. Frullato di burro d'arachidi e gelatina ... 183
39 Ciotola per frullato al melone ... 185
40. Frullato di avocado verde di Jason Mraz ... 187
41. Tofu Tropic Smoothie ... 189
42 Buon frullato di tè verde ... 192
43. frullato di lino arancione ... 193
44. Ciotola per frullato sirena ... 194

45 Ciotola per frullato verde mandorle e matcha 195
46. Unicorn Smoothie 197
47 Frullato di melone triplo 200
48 Frullato di agrumi 201
49. Smoothie anguria e curcuma 202
50 Frullato davvero verde 204
Conclusione 206

introduzione

Una ricetta per frullato è una bevanda a base di frutta e / o verdura cruda frullata, utilizzando un frullatore. Un frullato ha spesso una base liquida come acqua, succo di frutta, latticini, come latte, yogurt, gelato o ricotta.

1) FRULLATO DI DATA E CANNELLA DI TAHINI

INGREDIENTI

- 1/2–1 banana congelata (a seconda della dolcezza)
- 3/4 tazza di latte a scelta (ci piace il latte di mandorle alla vaniglia)
- 1 dattero Medjool, snocciolato
- 1 cucchiaio di cannella
- 2 cucchiai di tahina
- Pizzico di sale
- Opzionale: spinaci congelati, semi di lino, proteine in polvere

ISTRUZIONI

1. Metti tutti gli ingredienti in un frullatore e frulla a fuoco alto fino a che liscio.

2. CIOTOLA PER FRULLATO DI PATATE DOLCE [HA UN GUSTO COME TORTA DI PATATE DOLCI!]

1 patata dolce piccola
1/2 tazza di zucchine al vapore e poi congelate *
- 1 banana piccola, congelata
- 1/3 di tazza di yogurt (+ altro per guarnire) o usa yogurt senza latticini
- 1/2 tazza di latte di mandorle alla vaniglia non zuccherato (più per una consistenza più sottile)
- 1 cucchiaino di spezie per torta di zucca

INGREDIENTI

- ❖ 1/4 cucchiaino di cardamomo
- ❖ zenzero fresco (delle dimensioni di un'unghia)

ISTRUZIONI

1. Per cuocere la patata dolce:
2. affettare la patata dolce a metà e poi cuocere a vapore in un cestello per la cottura a vapore per 10 min
3. O avvolgere in un foglio e mettere in un forno a 350 gradi per 1 ora.
4. Vedere le istruzioni sopra per il microonde.
5. Per il frullato:
6. Mettere tutti gli ingredienti in un frullatore e frullare fino a ottenere un composto omogeneo.
7. Completare con ulteriore yogurt e spezie di zucca o condimenti a scelta

3 CIOTOLA PER FRULLATO ALLA MENTA E COCCO MATCHA

- 1 banana grande
- 1 cucchiaino di matcha in polvere
- ❖ 1/4–1/2 tazza di latte di cocco *
- ❖ 3 foglie di menta fresca
- ❖ 1 manciata di spinaci baby
- ❖ 3-4 cubetti di ghiaccio
- ❖ opzionale: 1/4 cucchiaino di cannella
- ❖ condimenti: frutta fresca, yogurt (si può usare lo yogurt al cocco), muesli, ecc ...

ISTRUZIONI

INGREDIENTI

1. Aggiungi tutti gli ingredienti (eccetto i condimenti) a un frullatore ad alta velocità.
2. Frulla fino a ottenere un composto omogeneo
3. Versare in una ciotola e guarnire.
4. Mangia subito

Meno usi, più sarà denso, ma sarà anche più difficile sfumarlo. Inizia con un quarto di tazza e aggiungine dell'altro se hai bisogno di far muovere le cose.

4. YOGA GLOW SMOOTHIE + LA MIA ROUTINE DEL NUOVO MATTINO

- 1 tazza di mirtilli
- 1/2 banana matura
- 1/2 avocado
- 1-2 tazze di cavolo riccio
- 1 noce di zenzero fresco, sbucciato e tritato
- 1/4 cucchiaino di curcuma ☐ 1 cucchiaio di cacao crudo
- 1/2 cucchiaino di maca in polvere
- 1/2 cucchiaino di cannella
- pizzico di sale marino

INGREDIENTI

- 1 tazza di acqua distillata di vapore semplice verità (io uso il mirtillo-mora aromatizzata)
- facoltativo: un misurino di proteine in polvere.

ISTRUZIONI
1. Mettere tutti gli ingredienti in un frullatore e frullare fino a ottenere un composto omogeneo.

5. FRULLATO VERDE ALMOND CHAI

INGREDIENTI

-
-

-
  1 banana congelata
  1 misurino di proteine in polvere alla vaniglia a scelta (io ho usato Vega Sport Protein)
  1/2 cucchiaino di zenzero macinato
- 1/4 cucchiaino di cannella in polvere
- 1/4 cucchiaino di cardamomo macinato
- 1/8 cucchiaino di noce moscata macinata
- 1 cucchiaio di burro di mandorle naturale e liscio
- 2 tazze di spinaci baby
- 1 tazza di latte di mandorle non zuccherato
- opzionale: 1/2 cucchiaino di estratto di vaniglia

ISTRUZIONI

1. Aggiungi gli ingredienti a un frullatore nell'ordine indicato.
2. Frulla fino a ottenere un composto omogeneo.
3. Servire con condimenti a scelta. Mi piacciono i semi di canapa, l'aggiunta di cannella e il burro di mandorle.

6. CIOTOLA PER FRULLATO VERDE MIRTILLO

1 tazza di mirtilli congelati
1 misurino di proteine in polvere vegetale alla vaniglia (io ho usato Vega + Greens)
1/2 banana grande (fresca o congelata)

INGREDIENTI

-
-

-
- 1 / 4–1 / 2 tazza di latte di mandorle (inizia con 1/4 di tazza e aggiungine dell'altro se il tuo frullatore ne ha bisogno)
- 1/4 di avocado
- 2 tazze di verdure (io uso spinaci, rucola e cavolo nero)
- Alcuni suggerimenti per guarnire: burro di mandorle / arachidi, muesli, semi di chia, semi di canapa, semi di zucca, ecc ...

ISTRUZIONI

1. Metti tutti gli ingredienti in un frullatore ad alta velocità e frulla a fuoco alto fino a quando non sono ben combinati. Se preferisci un frullato ancora più denso, aggiungi un paio di cubetti di ghiaccio.
2. Completare con i condimenti desiderati e servire in una ciotola.

7. FRULLATO VERDE AL MOJITO ALL'ANANAS

INGREDIENTI

❖

❖
- 1/2 tazza di latte di cocco (io ho usato il cartone) o altro latte vegetale
- ❖ 1/4 tazza di menta fresca
- 1 1/2 tazza di ananas tritato (fresco o congelato)
- ❖ 1-2 tazze di spinaci baby
- ❖ 1 lime, la scorza e il succo
- ❖ 1/2 cucchiaino di zenzero fresco grattugiato
- ❖ 1 tazza di ghiaccio
- ❖ Opzionale: guarnire con semi di chia, cocco grattugiato, semi di canapa, ecc…

ISTRUZIONI

1. Aggiungi tutti gli ingredienti a un frullatore ad alta potenza fino a quando non sono ben amalgamati.
2. Completare con i condimenti desiderati.

8. FRULLATO DI MANGO AL BURRO DI MANDORLE

- 1 tazza di mango congelato
- 1/2 banana congelata, a fette
- 1/2 tazza di latte di mandorle *
- 1 cucchiaio di burro di mandorle
- 1 misurino di proteine in polvere alla vaniglia
- opzionale: 2 tazze di spinaci per una spinta vegetariana extra.

INGREDIENTI

ISTRUZIONI

1. Unisci tutti i fissaggi nel tuo frullatore.
2. Bevi subito.

* Questo frullato è denso, quindi se ti piace bere con una cannuccia invece di mangiare con un cucchiaio, aggiungi un tocco in più di latte di mandorle.

9 Ciotola per frullato con torta di carote

    1 tazza di lattuga romana tritata (non avevo la lattuga romana, quindi ho usato gli spinaci)
- 1 tazza di latte di cocco non zuccherato

- 2 tazze di carote crude tritate
- 1 tazza di ananas tritato
- 1 banana
- 2 clementine, sbucciate (anche loro non le avevo, quindi ho usato il mango)
- 1/2 cucchiaino di estratto di vaniglia
- un pizzico di cannella in polvere e noce moscata

ISTRUZIONI

1. Frulla la lattuga romana (o gli spinaci) e il latte di cocco fino a ottenere un composto liscio.
2. Aggiungere gli ingredienti rimanenti e frullare di nuovo fino a che liscio.
3. Completare con pistacchi e cocco tostato!

10. Holiday Detox Green Apple Smoothie

INGREDIENTI

- 1 banana (o metà è sufficiente se stai guardando lo zucchero)
- 1–2 tazze di cavolo verza, i gambi rimossi
- 1 tazza di sidro di mele (senza zucchero aggiunto - solo roba vera)
- 1 tazza di acqua o ghiaccio
- extra opzionali: farina di lino, noci (io ho usato noci pecan), burro di noci
- un pizzico di cannella
- semi di melograno per guarnire

ISTRUZIONI

1. Mescolare tutte le componenti fino a che liscio. Usa l'acqua per una superficie simile a un succo e il ghiaccio per un carattere simile a un frullato. Includi tutti gli elementi aggiuntivi di cui hai bisogno per proteine, fibre o grassi solidi extra.
2. Mescolare in uno scramble di cannella, guarnire con semi di melograno e apprezzare!

11 Frullato di miele e mirtilli selvatici

INGREDIENTI

- 1 banana, fresca o congelata
- ❖ 1 tazza di mango a pezzi, freschi o congelati
- ❖ 1/2 tazza di mirtilli selvatici, freschi o congelati
- ❖ 1/2 tazza di yogurt greco senza grassi
- ❖ 1/2 tazza di latte (o quanto basta per aiutare le cose a mescolarsi senza intoppi)
- ❖ 1 cucchiaio colmo di miele grezzo (più a piacere)
- ❖ 1/2 tazza di cavolo rapa o qualsiasi altro componente aggiuntivo che desideri

ISTRUZIONI

1. Metti le banane, i manghi, i mirtilli, lo yogurt e il latte in un frullatore. Frulla fino a ottenere un composto omogeneo. Aggiungere il cavolo nero e il miele; frullare di nuovo fino a che liscio.

2. Se lo desideri (e soprattutto se tutti i tuoi ingredienti erano freschi anziché congelati), aggiungi qualche cubetto di ghiaccio per aumentare il volume del frullato e aiutarlo a rimanere freddo. Schiacciare fino a che liscio.

INGREDIENTI

12. Berry Green Smoothie

- 3 piccole banane
- 1/2 tazza di latte
- 1-2 manciate di spinaci
- 1 tazza di frutti di bosco congelati (mirtilli, more, ecc.)
- 1/2 tazza di cereali con crusca come l'originale All-Bran
- 1-2 cucchiai di dolcificante (zucchero, miele, curiosità, agave, ecc.)
- cubetti di ghiaccio (facoltativo)

ISTRUZIONI

1. Mescolare le banane e il latte fino a ottenere un composto omogeneo. Aggiungere gli spinaci e mescolare a fuoco alto fino a quando la stragrande maggioranza degli spinaci è stata separata in piccoli pezzi. Aggiungi le bacche congelate e mescola fino a quando la combinazione di frullato non è di uno dei toni.
2. Aggiungere il grano e lo zucchero; mescolare fino a ottenere la consistenza desiderata. Aggiungi forme 3D di ghiaccio e mescola di nuovo fino a che liscio (discrezionale - in genere non lo faccio).
3. Completare con altri mirtilli e servire immediatamente.

INGREDIENTI

13 Frullato semplice e verde al cocco

INGREDIENTI

1 tazza di infusi antiossidanti Bai5 Molokai Coconut
1 tazza colma di pesche surgelate
- 1 tazza di spinaci
- 2 cucchiai di farina di lino

ISTRUZIONI

1. Scongelare le pesche, in modo che siano ancora congelate, ma delicate. Di solito li metto nel microonde da 30 secondi a un momento, oppure li dimentico sul bancone per 15-20 minuti. Questo aiuterà la superficie del frullato.
2. Mescolare il cocco Bai5 Molokai, le pesche congelate, gli spinaci e la cena di lino per 2-3 minuti o fino a che liscio. Assapora e cambia con il tuo amore. Servire o conservare in frigorifero subito.

14. Il miglior frullato di anguria del mondo

- 2 tazze di anguria congelata a cubetti
- 1 tazza d'acqua
- 1 cucchiaio di miele o altri dolcificanti a piacere
- [ ] qualche foglia di menta e basilico, se vuoi portarlo al livello successivo

ISTRUZIONI

1. Frulla l'anguria e l'acqua fino a ottenere un composto omogeneo. Aggiungere il miele e la menta e frullare per altri 10-20 secondi fino a ottenere una consistenza per lo più morbida e fangosa.
2. Servite subito!

15 Ricetta frullato di mango

1 ½ tazza di pezzi di mango congelati
1 cucchiaio di semi di chia (facoltativo) 1 tazza e ½ di liquido (acqua di cocco, latte di mandorle, latte di latte, acqua)

Istruzioni

1. Unisci tutti gli ingredienti in un frullatore e frulla fino a ottenere un composto omogeneo. Se il frullatore si blocca, aggiungi altro liquido fino a quando non si mescola di nuovo.

ingredienti

16.Goji Peach Cherry Smoothie

1 tazza di ciliegie congelate
½ tazza di fette di pesca congelate
1 ¼ tazza di latte di mandorle
❖ 1 cucchiaio di bacche di goji

ingredienti

- ❖ Opzionale
- ❖ 1 cucchiaio di semi di chia
- ❖ 1 cucchiaino di lino macinato
- ❖ 1-2 manciate di spinaci

Istruzioni

1. Metti tutto nella base di un frullatore e frulla fino a che liscio.

17 Frullato di mango con fragole speziate alla thailandese

¾ tazza di mango a pezzi (congelati)

ingredienti

   ¾ tazza di fragole (congelate)
   1 ¼ tazze di latte di mandorle (o più se necessario per frullare; scambia con latte da latte o il tuo liquido per frullare preferito)
- ⅛ cucchiaino miscela di spezie chai (vedi note *)
- ¼ di cucchiaino di estratto di vaniglia
- Opzionale
- 1 cucchiaio di semi di chia
- 1 cucchiaino di lino macinato
- 1 tazza di spinaci

Istruzioni

1. Metti tutti gli ingredienti in un frullatore e frulla fino a che liscio

18 Frullato di acqua di cocco e mirtilli

1 ½ tazza di mirtilli congelati
1 tazza di acqua di cocco
½ tazza di yogurt intero normale o greco
¼ di cucchiaino di estratto di cocco
☐ 1 cucchiaio di cuori di canapa

Istruzioni

1. Unisci tutti gli ingredienti nel frullatore e frulla fino a ottenere un composto omogeneo.

19. Frullato antinfiammatorio alla curcuma

1 ¼ tazze di latte di mandorle
   1 tazza di cavolo riccio o spinaci confezionati
¼ di cucchiaino di curcuma
1 pizzico di pepe nero

- 1 cucchiaio di semi di chia
- 1 ½ tazza di pezzi di ananas congelati

Istruzioni

1. Unisci i primi 5 ingredienti in un frullatore e frulla fino a ottenere un composto omogeneo.
2. Aggiungere i pezzi di ananas e frullare di nuovo fino a ottenere un composto omogeneo.

20. Keto Green Smoothie

1 tazza di acqua fredda
1 tazza di spinaci baby
1/2 tazza di coriandolo
Zenzero da 1 pollice - sbucciato
- ❖ 3/4 di cetriolo inglese - sbucciato
- ❖ 1 / 2-1 limone - sbucciato
- ❖ 1 tazza di avocado congelato

ISTRUZIONI

1. Aggiungere tutti gli ingredienti a un frullatore ad alta velocità e frullare fino a ottenere un composto omogeneo.
2. Conservare in un contenitore ermetico come un barattolo di vetro in frigorifero per un massimo di 3 giorni.

21 Frullato di banana e burro di arachidi al cioccolato

1 banana congelata
   1 tazza di latte di cocco congelato nella vaschetta dei cubetti di ghiaccio
   3 cucchiai di cacao crudo in polvere
- 2 cucchiai di semi di canapa
- 1 cucchiaio di burro di arachidi

- ❖ 1 / 2-1 tazza di latte di mandorle
- ❖ 1 cucchiaio di sciroppo d'acero - (facoltativo)

ISTRUZIONI

1. Aggiungi tutti gli ingredienti a un frullatore. Inizia aggiungendo solo 1/2 tazza di latte di mandorle e aggiungine altro se il tuo frullatore ha bisogno del liquido extra o se ti piace il tuo frullato più liquido.
2. Servite e gustate!

22 Frullato blu

2 banane congelate

3 cucchiai di semi di canapa

1 tazza di latte di mandorle - (o latte di cocco o qualsiasi altro latte a scelta)

☐ 1-3 cucchiaini di tè in polvere di Butterfly Pea - (a seconda di quanto blu vuoi il tuo frullato)

ISTRUZIONI

1. Aggiungi tutti gli ingredienti a un frullatore ad alta velocità e poi servi.

23 Frullato di frutta del drago

3/4 tazza di latte di cocco leggero

1 frutto del drago
1 tazza di more

ISTRUZIONI

1. La sera prima, mettere il latte di cocco in una vaschetta per cubetti di ghiaccio e congelare fino a quando non si solidifica.
2. Sbucciare il frutto del drago con un coltello oa mano (come mostrato nel video).
3. Aggiungere il frutto del drago, i cubetti di latte di cocco congelato e le more in un frullatore ad alta velocità e frullare fino a ottenere un composto omogeneo.
4. Servite e gustate subito.

24 Frullato di spinaci all'avocado

1 tazza di mango congelato a cubetti

1/2 avocado

2 mani di spinaci baby interi

2-3 cucchiai di proteine in polvere

☐ 1 tazza di acqua fredda

ISTRUZIONI

1. Aggiungi tutti gli ingredienti al tuo frullatore. Frulla fino a ottenere un composto omogeneo. Divertiti subito.

25 FRULLATO ALLA BANANA

1/2 tazza di cubetti di ghiaccio

Banane grandi tagliate a pezzi (congelate o fresche)
1/4 di ananas a cubetti (congelato o fresco)
☐ 1 tazza di succo di ananas o succo di mela

Istruzioni

1. Frulla tutti gli ingredienti fino a ottenere un composto omogeneo. Goditi il freddo!

26. FRULLATO AL MIRTILLO E MIRTILLO

1/2 tazza di latte scremato
1/2 tazza di mirtilli freschi o congelati
1 tazza di fragole fresche o congelate
6 once di yogurt alla vaniglia magro

Istruzioni

1. Aggiungi latte, mirtilli, fragole e yogurt a un frullatore. Frulla fino a ottenere un composto omogeneo! Se stai utilizzando un nuovo prodotto naturale, potresti dover aggiungere del ghiaccio per addensarlo. Apprezza il freddo.

27. FRULLATO DI PESCA

1 banana media tagliata a pezzi
1 pesca matura snocciolata e affettata
1 (6) oz di yogurt alla pesca magro
1/4 tazza di succo d'arancia
☐ 1 tazza di cubetti di ghiaccio piccoli

Istruzioni

1. Unisci tutti gli ingredienti in un contenitore per frullatore; frullare da 1 a 2 minuti o fino a ottenere un composto omogeneo e spumoso.

28. FRULLATO DI ANGURIA

- 1 1/2 tazza di anguria a cubetti
- 1 tazza di fragole tagliate
- 1/2 tazza di latte
- 1 cucchiaino di succo di limone
- ❖ 2 bustine di dolcificante Stevia SPLENDA Naturals
- ❖ 1/2 tazza di ghiaccio

Istruzioni

1. Aggiungere tutti gli ingredienti a un frullatore e frullare fino a quando non sono combinati. Servire freddo.

29. FRULLATO DI MIRTILLI

- 1 banana congelata scongelata per 10-15 minuti
- 1/2 tazza di latte scremato
- 1 tazza di yogurt alla vaniglia senza grassi
- 1 1/2 cucchiaino di farina di semi di lino
- 2/3 di tazza di mirtilli congelati

Istruzioni

1. Taglia la tua banana a pezzetti. Aggiungi le banane, il latte, lo yogurt e una farina di semi di lino in un frullatore. Batti 5-10 secondi fino a che liscio. Aggiungere gradualmente i mirtilli mentre si frulla a fuoco lento. Aumenta la velocità e frulla fino a raggiungere la consistenza desiderata.

30. FRULLATO DI FARINA D'AVENA AL FRUTTO DI MIRTILLO

1 tazza di latte scremato
- 1/2 tazza di fiocchi d'avena
- 1 banana spezzata in pezzi
- 1 tazza di fragole congelate
- 1/2 cucchiaino di estratto di vaniglia

❖ 1 cucchiaino di zucchero bianco

Istruzioni

1. Usa un frullatore per macinare l'avena.
2. Aggiungere il latte, l'avena, le banane e le fragole; mescolare bene.
3. Aggiungere la vaniglia e lo zucchero se lo si desidera. Frulla fino a ottenere un composto omogeneo.
4. Servire freddo

31. Smoothie alla pesca e lamponi

- 1 tazza di pesche a fette
- 1/2 tazza di lamponi congelati
- 1 tazza di latte di mandorle non zuccherato alla vaniglia o latte a scelta
- 1-2 cucchiaini di agave o miele a seconda della dolcezza delle tue pesche
- 3-4 cubetti di ghiaccio

Istruzioni

1. Aggiungere le pesche e i lamponi al frullatore
2. Aggiungi latte, agave o miele e cubetti di ghiaccio al frullatore.
3. Frulla fino a ottenere un composto omogeneo. Servite subito.

32. Frullato salutare con ingrediente segreto

1 1/4 tazza di latte di mandorle alla vaniglia non zuccherato (o latte a scelta o kefir)
- ❖ 1 banana sbucciata (fresca o congelata)
- ❖ 1 tazza di mirtilli congelati
- ❖ 1/2 tazza di cimette di cavolfiore congelate
- ❖ 1 tazza di foglie di spinaci confezionate
- ❖ 1 cucchiaino di semi di chia
- ❖ 1 cucchiaino di semi di lino macinati

- ❖ 1 misurino di proteine in polvere alla vaniglia opzionale **Istruzioni**
1. Metti il latte, la banana, i mirtilli, il cavolfiore, gli spinaci, i semi di chia, i semi di lino macinati e le proteine in polvere, se usate, in un frullatore. Frulla fino a ottenere un composto omogeneo. Se il frullato è troppo denso, puoi aggiungere un po 'più di latte o acqua e frullare di nuovo fino a raggiungere la consistenza desiderata. Versare in un bicchiere o due bicchieri e servire subito.

33 Frullato di mirtilli e lime

- 1 tazza di latte o latte di mandorle
- 6 once di yogurt alla vaniglia francese originale Yoplait
- 1/2 cucchiaino di scorza di lime
- Succo di un lime grande
- 1 tazza di spinaci freschi
- 1 tazza di more congelate
- 1 banana congelata

Istruzioni

1. Aggiungi latte, yogurt, scorza di lime, succo di lime, spinaci, more e banana al frullatore. Metti il coperchio e frulla fino a che liscio. Versare nei bicchieri e servire subito.
2. Nota: tengo sempre le banane non sbucciate nel congelatore per i frullati. Se non hai una banana congelata, puoi usare una banana normale e aggiungere alcuni cubetti di ghiaccio.

34 Frullato di ananas e cocco

- 2 tazze di ananas fresco tritato
- 1/2 tazza di latte di cocco
- 150 g di vaniglia greca o yogurt al cocco
- 2 cucchiai di cocco
- 1 tazza di ghiaccio
- Cocco tostato, per guarnire, facoltativo

Istruzioni

1. Unisci l'ananas, il latte di cocco, lo yogurt, il cocco e il ghiaccio in un frullatore. Frulla fino a ottenere un composto omogeneo. Versare il frullato in due bicchieri e guarnire con cocco tostato, se lo si utilizza. Servite subito.

35 Frullato al cioccolato e lamponi

1 tazza di latte di mandorle non zuccherato al cioccolato con brezza di mandorle
1 banana media congelata
1 tazza di lamponi congelati
- 2 cucchiai di cacao in polvere lavorato in Olanda
- Lamponi e granelli per servire, se lo si desidera

Istruzioni

1. Mettere tutti gli ingredienti in un frullatore e frullare fino a ottenere un composto omogeneo. Servite subito. Guarnire con lamponi e codette, se lo si desidera!
2. Nota: usiamo il latte di mandorle non zuccherato Almond Breeze Chocolate, e penso che sia molto dolce. Se vuoi una bevanda più dolce, puoi usare Almond Breeze normale Chocolate Almond Milk.

36 Frullato di lamponi e cocco

1 tazza Almond Breeze Latte di mandorle non zuccherato Latte di cocco
  1 tazza di lamponi freschi o congelati
  1/2 banana media
❖ 1/2 tazza di spinaci

- ❖ -2 cucchiai di cocco per guarnire

Istruzioni

1. Metti il latte, i lamponi, la banana e gli spinaci nel frullatore e frulla fino a ottenere un composto omogeneo. Versare in un bicchiere e guarnire con il cocco. Servite subito.
2. Nota: io uso lamponi freschi; Mi piace aggiungere qualche cubetto di ghiaccio per ottenere un frullato più denso / freddo.

37. CIOTOLA PER FRULLATI VERDE

1/2 banana congelata
- 1/2 tazza di ananas congelato
  1 tazza di cavolo
  1/4 di avocado
- 1/2 tazza di latte di cocco intero in scatola
- condimenti: banana ananas, muesli, semi di chia, cocco non zuccherato

ISTRUZIONI

1. Aggiungi tutti gli ingredienti a parte i condimenti nel frullatore. Frulla a fuoco alto per 1-2 minuti fino a ottenere un composto denso e omogeneo. Se non hai un frullatore ad alta potenza, potrebbe volerci un po 'più di tempo.
2. Versare in una ciotola grande e aggiungere condimenti assortiti. Mangia subito.

38. CIOTOLA PER FRULLATO DI PROTEINE MOCHA

1 banana congelata
- 1/2 tazza di latte di cocco in scatola e agitato bene
  1 cucchiaino di caffè istantaneo in granuli
- 1/2 tazza di cavolfiore congelato
- 1/4 set avocado o temp
- 1 misurino di proteine in polvere di cioccolato

- 2 cucchiai di cacao amaro in polvere
- Condimenti opzionali: fette di banana cocco non zuccherato, semi di chia, gocce di cioccolato fondente, muesli

ISTRUZIONI

1. Aggiungi tutti gli ingredienti a un frullatore ad alta potenza e frulla a fuoco alto per 1-2 minuti, o fino a quando la miscela non è liscia e non ha grumi.
2. Versare in una ciotola e aggiungere i condimenti se si utilizza. Mangia subito e divertiti!

39. CIOTOLA PITAYA PER FRULLATO DI FRUTTI DRAGHI

2 confezioni di pitaya
- 1 banana congelata
- 1/2 tazza di fragole congelate
- 1/2 tazza di latte senza latticini Ho usato latte di mandorle
- condimenti: banane, fragole, noci, muesli, semi di chia, altra frutta e altro ancora!

ISTRUZIONI

1. Aggiungi tutti gli ingredienti a parte i condimenti nel frullatore. Frulla a fuoco alto per 1-2 minuti fino a ottenere un composto denso e omogeneo. Se non hai un frullatore ad alta potenza, potrebbe volerci un po 'più di tempo.
2. Versare in ciotole grandi e aggiungere condimenti assortiti. Mangia subito.

40. TROPICALE CIOTOLA PER FRULLATO AL COCCO

INGREDIENTI

- ❖ 2 banane congelate
- ❖ 1 1/2 tazza di ananas congelato
- ❖ 1 tazza di mango congelato
- ❖ 1/2 tazza di latte di cocco shakerato
- ❖ 2 cucchiai di miele omettono per un'opzione vegana
- ❖ 1/4 cucchiaino di estratto di cocco
- ❖ condimenti: muesli al mango, semi di chia, ciliegie, altra frutta,

ISTRUZIONI

1. Aggiungi tutti gli ingredienti a parte i condimenti nel frullatore. Frulla a fuoco alto per

1-2 minuti fino a ottenere un composto denso e omogeneo. Se non hai un frullatore ad alta potenza, potrebbe volerci un po 'più di tempo.
2. Versare in una ciotola grande e aggiungere condimenti assortiti. Mangia subito.

41. CIOTOLA PER FRULLATO DI MANDORLE E MANDORLE

INGREDIENTI

- ❖ 1 1/2 tazza di miscela di frutti di bosco congelati
- ❖ 3 cucchiai di burro di mandorle
- ❖ 1 banana divisa a metà

- 1/4 di tazza di cocco non zuccherato
- 1/3 di tazza di latte di mandorle alla vaniglia
- 1/8 di tazza di semi di chia facoltativi
- 1/8 di tazza di muesli opzionale
- 1/8 di tazza di gocce di cioccolato fondente opzionale

ISTRUZIONI

1. Aggiungi al frullatore i frutti di bosco, la margarina di mandorle, metà della banana, le gocce di cocco e il latte di mandorle. Battito cardiaco fino a che liscio. La combinazione sarà densa. Versare in una ciotola enorme e guarnire con tagli di altre porzioni di banana, gocce di cioccolato opaco, muesli, cocco extra e semi di chia.
2. Mangia subito!

42 SEMPLICE PALEO GRANOLA

INGREDIENTI

- ¼ di tazza di olio di cocco sciolto ☐ ⅓ tazza di sciroppo d'acero puro
- 1/3 di tazza di burro di anacardi cremoso
- 1 cucchiaino di cannella
- 2 cucchiaini di estratto di vaniglia
- ½ cucchiaino di sale kosher
- 2 tazze di anacardi tritati grossolanamente
- 1 tazza di noci pecan tritate grossolanamente
- 2 cucchiai di semi di chia
- 2 cucchiai di semi di lino
- 1 tazza di fiocchi di cocco non zuccherati

ISTRUZIONI

1. Preriscaldare la griglia a 300 gradi F e posizionare una griglia nel punto focale della stufa.

2. In una grande ciotola, sbatti insieme l'olio di cocco ammorbidito, lo sciroppo d'acero, la crema di anacardi, la cannella, la vaniglia e il sale. Aggiungere gli anacardi, le noci, i semi di chia, i semi di lino, le scaglie di cocco, i mirtilli secchi e mescolare bene per coprire.

3. Versare e distribuire la miscela in modo uniforme su una teglia massiccia e riscaldare per 45 minuti, mescolando come un orologio per evitare di consumare.

4. Quando il muesli sarà saltato e cotto, eliminatelo dal fuoco e lasciate raffreddare completamente per ottenere una freschezza.

5. Conservare in uno scomparto con un sigillo impermeabile e dovrebbe durare fino a 3 settimane.

43 Frullato Tropicale

- 1 tazza di acqua di cocco
- ❖ 1 banana
- ❖ 1/2 tazza di pezzi di ananas congelati
- ❖ 1/2 tazza di pezzi di mango congelati
- ❖ 1/2 tazza di fragole congelate
- ❖ 1 tazza di foglie di cavolo
- ❖ Manciata di ghiaccio

ISTRUZIONI

1. Metti tutti i fissaggi nel frullatore, con i fluidi della base a quel punto, mescola fino a che liscio e alla tua consistenza ideale. Nella remota possibilità che sia eccessivamente denso, aggiungi più fluido. Se troppo sottile, aggiungere un po 'di ghiaccio per addensare o più prodotti naturali congelati.

44. Smoothie di spinaci e lamponi

    1 tazza e 1/3 di latte di mandorle non zuccherato
- 1/3 di tazza di kefir normale o yogurt greco normale
- 3 datteri snocciolati
- 2/3 di tazza di lamponi congelati
- 3/4 di tazza di fette di pesca congelate

- ❖ Una manciata gigante di foglie di spinaci baby
- ❖ AGGIUNGI FACOLTATIVI
- ❖ 1 cucchiaio di cuori di canapa
- ❖ 1 cucchiaino di polline d'api
- ❖ 1 cucchiaino di maca in polvere
- ❖ 1-2 cucchiai del tuo burro di noci preferito

ISTRUZIONI

1. Mettere tutti gli ingredienti nel frullatore, con i liquidi sul fondo, quindi frullare fino a ottenere un composto omogeneo e della consistenza desiderata. Se è troppo denso, aggiungi più liquido. Se troppo sottile, aggiungi un po 'di ghiaccio per addensare o più frutta congelata.

45 Burro di arachidi alla banana e frullato di datteri

- 1 tazza di latte di mandorle normale non zuccherato
- 1 banana matura
- 4-5 datteri snocciolati
- 1 banana congelata
- 2 cucchiai di burro di arachidi cremoso naturale
- 1/4 - 1/2 tazza di ghiaccio

❖ Opzionale: la tua polvere proteica preferita. Consiglio il gusto di vaniglia o cioccolato, quindi non influisce troppo sul gusto di questo frullato.

ISTRUZIONI

1. Mettere tutti gli ingredienti in un frullatore elettrico (come un Vitamix) e frullare fino a ottenere un composto omogeneo. Se ti piace più sottile, aggiungi altro latte di mandorle.

46. Ciotola per frullato di Pitaya

- 1 tazza di latte di mandorle
- 1 confezione di pitaya
- 2/3 di tazza di frutta congelata (io ho usato una miscela di ananas, pesche e mango)
- Condimenti opzionali: burro di mandorle, frutta fresca, fiocchi di cocco, muesli

ISTRUZIONI

1. Aggiungi il latte di mandorle, la confezione di pitaya e la frutta congelata in un potente frullatore. Frulla fino a ottenere un composto omogeneo. Se ti piace il tuo frullato sul lato più spesso, aggiungi più frutta congelata. Se vuoi che il tuo frullato sia più sottile, aggiungi più latte / liquido di mandorle.
2. Completa con i tuoi condimenti preferiti.

47 Ciotola per frullato ai frutti di bosco

- 1 tazza di bevanda al latte di cocco, non dalla lattina
- ❖ 2/3 di tazza di frutti di bosco congelati
  1 banana grande
- ❖ 2 cucchiai di burro di anacardi o il tuo burro di noci preferito
- ❖ I tuoi condimenti preferiti: frutta, muesli, semi di chia, ecc.

ISTRUZIONI

1. Versa il latte di cocco sul fondo della caraffa del frullatore. Quindi aggiungere le bacche congelate, la banana e il burro di anacardi sopra. Posizionare saldamente il coperchio sulla pentola e frullare fino a quando non rimangono pezzi. Potrebbe essere necessario fermarsi e mescolarlo se è troppo denso.
2. Versare il frullato in una ciotola e adagiarvi sopra i condimenti.

48. Smoothie verde pesca

2 tazze di bevanda al latte di cocco, NON il latte di cocco in scatola
- 2 tazze di pesche a fette congelate
  2 banane acerbe surgelate, a fette
- 1 cucchiaino di zenzero fresco grattugiato, facoltativo

- ❖ 2 tazze di foglie di spinaci sciolte

ISTRUZIONI

1. Versare il latte di cocco in un frullatore e aggiungere le pesche, la banana, lo zenzero (se utilizzato) e gli spinaci.
2. Frulla fino a ottenere un composto omogeneo.

49. Green Monster Smoothie

2 tazze di frutta congelata (ho usato frutta mista che includeva ananas, uva, fragole, mango e pesche) 1 banana spezzata
- ❖ 1 tazza e mezzo di latte di mandorle
- ❖ Una grande manciata di spinaci

ISTRUZIONI

1. Getta tutto nel frullatore e frulla fino a ottenere una consistenza omogenea. Se si blocca, spegnilo e usa una spatola per romperlo e riavviarlo.

50. SMOOTHIE ALL'ARANCIA SENZA LATTICINI

- 6 cubetti di ghiaccio Trop50 congelati (circa 3/4 di tazza)
- 1/2 tazza di latte di cocco intero
- 1/3 di tazza di latte di mandorle alla vaniglia non zuccherato
- 1 arancia, sbucciata (senza semi) + scorza
- Spruzzata di estratto di vaniglia

ISTRUZIONI

1. Metti tutti gli ingredienti in un frullatore ad alta polvere.
2. Frulla e divertiti!

CONCLUSIONE

Se stai cercando un modo per aggiungere un po 'di nutrimento alla tua dieta quotidiana o stai cercando di saperne di più sui frullati per iniziare la tua prima pulizia, ora hai alcune eccellenti ricette e suggerimenti per iniziare. Ricorda, però, di usarlo come guida generale. Una volta che hai imparato a mescolare i sapori, sentiti libero di creare le tue miscele in base ai tuoi gusti e ai tuoi obiettivi di salute.

1 frullato di ananas alla menta

- 200 g di ananas, sbucciato, privato del torsolo e tagliato a pezzi
- lasciano alcune mentine
- 50 g di spinaci baby in foglie
- 25 g di avena
- 2 cucchiai di semi di lino
- una manciata di anacardi non salati e non tostati
- succo di lime fresco, quanto basta

istruzione

1. Mettere tutti gli ingredienti in un frullatore con 200 ml di acqua e frullare fino a ottenere un composto omogeneo. Se è troppo denso, aggiungi altra acqua (fino a 400 ml) fino ad ottenere la giusta miscela.

2. Ciotola per frullato arcobaleno verde

50 g di spinaci

- 1 avocado, snocciolato, sbucciato e tagliato a metà

- 1 mango maturo, snocciolato, sbucciato e tagliato a pezzi

- ❖ 1 mela, privata del torsolo e tagliata a pezzi
- ❖ 200 ml di latte di mandorle
- ❖ 1 frutto del drago, sbucciato e tagliato a pezzi uguali
- ❖ 100 g di frutti di bosco (abbiamo usato fragole, lamponi e mirtilli)

Istruzioni

1. Mettere gli spinaci, l'avocado, il mango, la mela e il latte di mandorle in un frullatore e frullare fino a ottenere un composto omogeneo e denso. Dividi tra due ciotole e aggiungi il frutto del drago e le bacche.

3. Ciotola per frullato tropicale

1 mango maturo piccolo, snocciolato, sbucciato e tagliato a pezzi

200 g di ananas, sbucciato, privato del torsolo e tagliato a pezzi

- 2 banane mature
- 2 cucchiai di yogurt al cocco (non yogurt al cocco)
- 150 ml di latte da bere al cocco
- 2 frutti della passione, tagliati a metà, semi raccolti
- una manciata di mirtilli
- 2 cucchiai di fiocchi di cocco
- qualche foglia di menta

Istruzioni

1. Metti il mango, l'ananas, le banane, lo yogurt e il latte di cocco in un frullatore e frulla fino a ottenere un composto omogeneo e denso. Versare in due ciotole e decorare con il frutto della passione, i mirtilli, i fiocchi di cocco e le foglie di menta. Si conserva in frigo per 1 giorno. Aggiungere i condimenti appena prima di servire.

4. Ciotola per frullato alla curcuma

10 cm di curcuma fresca o 2 cucchiaini di curcuma macinata

3 cucchiai di yogurt al latte di cocco (abbiamo usato Co Yoh), o la panna scremata dalla parte superiore del latte di cocco in scatola

- ❖ 50 g di avena senza glutine
- ❖ 1 cucchiaio di burro di anacardi (o una manciata di anacardi)
- ❖ 2 banane, sbucciate e tritate grossolanamente
- ❖ ½ cucchiaino di cannella in polvere

❖ 1 cucchiaio di semi di chia o noci tritate, per servire

istruzione

1. Sbucciare la radice di curcuma, se utilizzata, e grattugiare. Mettere tutti gli ingredienti in un frullatore con 600 ml di acqua e frullare fino a ottenere un composto omogeneo. Servire in una ciotola con i semi di chia o delle noci tritate cosparse.

5. Frullato cremoso di mango e cocco

200 ml (½ bicchiere alto) di latte di cocco (abbiamo usato Kara Dairy Free)

4 cucchiai di yogurt al latte di cocco (abbiamo usato Coyo)

- 1 banana
- 1 cucchiaio di semi di lino macinati, girasole e semi di zucca (abbiamo usato quello di Linwood)
- 120 g (¼ di sacchetto) pezzi di mango congelati
- 1 frutto della passione, per finire (opzionale)

istruzione

1. Misura tutti gli ingredienti o usa un bicchiere alto per accelerare: non devono essere esatti. Metterli in un frullatore e frullare fino a che liscio. Versare in 1 bicchiere alto (ne avrete abbastanza per un rabbocco) o due bicchieri corti. Taglia il frutto della passione a metà, se lo usi, e raschia i semi sopra.

6. Frullato di bacche eccellenti

Sacchetto da 450 g di frutti di bosco congelati

450 g di yogurt alla fragola senza grassi in vaso

- 100 ml di latte
- 25 g di porridge d'avena
- 2 cucchiaini di miele (facoltativo)

istruzione

1. Montare i frutti di bosco, lo yogurt e il latte con un frullatore a immersione fino a ottenere un composto omogeneo. Mescolare la polenta d'avena, quindi versarla in 4 bicchieri e servire con un filo di miele, se ti piace.

7 Frullato di more e barbabietole

250 ml di acqua di cocco un pizzico di cannella in polvere

- ¼ di cucchiaino di noce moscata macinata
- Zenzero fresco da 4 cm, sbucciato
- 1 cucchiaio di semi di canapa sgusciati

- 2 barbabietole piccole cotte, tritate grossolanamente

- una manciata di more

- 1 pera, tritata grossolanamente

- piccola manciata di cavoli

istruzione

1. Aggiungi l'acqua di cocco al tuo frullatore con le spezie e lo zenzero fresco. Aggiungere gli ingredienti rimanenti e frullare fino a ottenere un composto omogeneo. Aggiungi più liquido se preferisci una consistenza più sottile. Versare nei bicchieri e servire.

8. Frullato booster vitaminico

1 arancia, sbucciata e tritata grossolanamente

1 carota grande, sbucciata e tritata grossolanamente

- ❖ 2 gambi di sedano, tritati grossolanamente
- ❖ 50 g di mango, tritato grossolanamente

- 200 ml di acqua

☐ Metodo **istruzione**

1. Mettere tutta l'arancia, la carota, il sedano e il mango nel frullatore, rabboccare con acqua, quindi frullare fino a che liscio.

9 cubetti di frullato di mirtilli

more fragole

- lamponi, frutto della passione
- Mango
- qualsiasi altro frutto che ti piace

istruzione

1. Frulla un frutto (prova more, fragole, lamponi, frutto della passione e mango, in un robot da cucina, lascia i semi o al setaccio.

2. Congelare in vaschette di ghiaccio pronte per essere montate (3 per porzione) con una banana, 150 ml di yogurt bianco e latte e miele a piacere.

10 Frullato di pesca e melba

410 g possono metà pesca

100 g di lamponi congelati, più alcuni per guarnire

❖ 100 ml di succo d'arancia

❖ 150 ml di crema pasticcera fresca, più un cucchiaio per guarnire

istruzione

1. Scolare e sciacquare le pesche e metterle in un frullatore con i lamponi. Aggiungere il succo d'arancia e la crema pasticcera fresca e frullare insieme.

2. Versare sopra il ghiaccio, guarnire con un altro cucchiaio di crema pasticcera e qualche lampone. Va servito freddo.

11 Frullato di banana, clementine e mango

circa 24 succose clementine, più una extra per la decorazione

- ❖ 2 mango piccoli, molto maturi e succosi
- ❖ 2 banane mature
- ❖ 500 g di latte intero o yogurt magro
- ❖ una manciata di cubetti di ghiaccio (facoltativo)

istruzione

1. Taglia a metà le clementine e spremi il succo: dovresti avere circa 600 ml / 1 pinta. (Questo può essere fatto la sera prima.) Sbucciare i manghi, affettare la frutta dal nocciolo al centro, quindi tagliare la polpa a pezzi grossolani. Pelare e affettare le banane.

2. Mettere il succo di clementine, la polpa di mango, le banane, lo yogurt e i cubetti di ghiaccio in un frullatore e frullare fino a ottenere un composto omogeneo. Versare in sei bicchieri e servire. (Potrebbe essere necessario farlo in due lotti, a seconda delle dimensioni del frullatore.) Se non si aggiungono cubetti di ghiaccio, raffreddare in frigorifero fino al momento di servire.

12 Frullato di Açaí

100 g di polpa di açai cruda, congelata, non zuccherata, scongelata

- ❖ 50 g di ananas congelato
- ❖ 100 g di fragole
- ❖ 1 banana media
- ❖ 250 ml di mango o succo d'arancia

❖ 1 cucchiaio di nettare di agave o miele

istruzione

1. Metti tutti gli ingredienti nel frullatore o in un robot da cucina. Frulla fino a ottenere un composto omogeneo. Se è troppo denso, aggiungi un po 'più di mango o succo d'arancia. Servire in 2 bicchieri alti.

13. Frullato di mango e frutto della passione

400 g di mango maturo sbucciato e tritato

2 vasetti da 125 g di yogurt al mango senza grassi

- 250 ml di latte scremato
- succo di 1 lime
- 4 frutti della passione, dimezzati

istruzione

1. Sbatti il mango, lo yogurt e il latte in un frullatore fino a ottenere un composto omogeneo. Incorporare il succo di lime, quindi versare in 4 bicchieri. Versare la polpa di un frutto della passione in ognuno e mescolare prima di servire.

14. Frullato di frutta di bosco e banana

frutti di bosco congelati

banana, a fette

☐ frutti magri dello yogurt di bosco

istruzione

1. Whiz frutti di bosco congelati e banana a fette in un robot da cucina con frutti di bosco a basso contenuto di grassi dello yogurt di bosco.

15 Gelatine frullate con gelato

6 fogli di gelatina in fogli

1l bottiglia di frullato di arancia, mango e frutto della passione (abbiamo usato Innocent)

❖ Per servire

❖ Gelato alla vaniglia di buona qualità in vaschetta da 500 ml come Green & Black (potresti non aver bisogno di tutto)

istruzione

1. Mettere la gelatina di foglie in una ciotola e coprire con acqua fredda. Lasciare agire per alcuni minuti fino a quando non sarà morbido e floscia. Nel frattempo, scaldare delicatamente il frullato in una casseruola senza far bollire. Togli il fuoco. Sollevare la gelatina dall'acqua, strizzare l'acqua in eccesso, quindi aggiungerla nella padella per frullato. Mescolare bene fino a che liscio, quindi versare in 12 stampi, pentole o bicchieri, oppure utilizzare 24 pentole delle dimensioni di un bicchierino. Lasciar raffreddare per almeno 1 ora per impostare.

2. Per mini palline di gelato perfette, immergere un cucchiaio dosatore in una tazza di acqua calda, quindi scrollarsi di dosso l'eccesso. Raccogli il gelato immergendo ogni volta il cucchiaio nell'acqua calda. Servire ogni gelatina

di frullato ricoperta di gelato.

16) Frullato di banana, miele e nocciole

1 banana sbucciata e affettata

- 250 ml di latte di soia
- 1 cucchiaino di miele
- un po 'di noce moscata grattugiata

- ❖ 2 cucchiaini di nocciole tritate, per servire

istruzione

1. Frulla la banana con il latte di soia, il miele e un po 'di noce moscata grattugiata fino a ottenere un composto omogeneo. Versare in due bicchieri grandi e guarnire con le nocciole tostate e tritate per servire.

17) Super-shake per la colazione

100 ml di latte intero

- 2 cucchiai di yogurt naturale
- 1 banana
- 150 g di frutti di bosco congelati
- 50 g di mirtilli
- 1 cucchiaio di semi di chia

- ❖ ½ cucchiaino di cannella
- ❖ 1 cucchiaio di bacche di goji
- ❖ 1 cucchiaino di semi misti
- ❖ 1 cucchiaino di miele (idealmente Manuka)

istruzione

1. Mettere gli ingredienti in un frullatore e frullare fino a che liscio. Versare in un bicchiere e buon appetito!

18 Latte di mandorla

150 g di mandorle intere

istruzione

1. Mettete le mandorle in una ciotola capiente e coprite con acqua, quindi coprite la ciotola e lasciate in ammollo per una notte o per almeno 4 ore.

2. Il giorno successivo, scolare e sciacquare le mandorle, quindi versarle in un frullatore con 750 ml di acqua fredda. Frusta fino a che liscio. Versare il composto in un colino rivestito di mussola su una caraffa e lasciarlo sgocciolare. Mescola delicatamente il composto con un cucchiaio per velocizzare il processo.

3. Quando la maggior parte del liquido è passata nella caraffa, raccogli i lati della mussola e strizzala con entrambe le mani per estrarre l'ultima parte del latte.

19. Facile torta al cioccolato fondente

150 ml di olio di semi di girasole, più un extra per la latta

- 175 g di farina autolievitante

- 2 cucchiai di cacao in polvere

- 1 cucchiaino di bicarbonato di sodio

- 150 g di zucchero semolato
- 2 cucchiai di sciroppo dorato
- 2 uova grandi, leggermente sbattute
- 150 ml di latte parzialmente scremato

Per la glassa

- 100 g di burro non salato
- 225 g di zucchero a velo
- 40 g di cacao in polvere
- 2½ cucchiai di latte (un po 'di più se necessario)

istruzione

1. Riscaldare il forno a 180 ° C / 160 ° C ventola / gas 4. Oliare e rivestire la base di due teglie per sandwich da 18 cm. Setacciare la farina, il cacao in polvere e il bicarbonato di sodio in una ciotola. Aggiungere lo zucchero semolato e mescolare bene.

2. Fare una fontana al centro e aggiungere lo sciroppo dorato, le uova, l'olio di semi di

girasole e il latte. Sbatti bene con una frusta elettrica fino a ottenere un composto omogeneo.

3. Versare il composto nelle due teglie e cuocere per 25-30 minuti fino a quando non è lievitato e si rassoda al tatto. Sfornare, lasciare raffreddare per 10 minuti prima di disporli su una griglia.

4. Per fare la glassa, sbattere il burro non salato in una ciotola fino a renderlo morbido. Setacciare gradualmente e sbattere lo zucchero a velo e il cacao in polvere, quindi aggiungere abbastanza latte per rendere la glassa spumosa e spalmabile.

5. Infila le due torte insieme alla glassa al burro e ricopri i lati e la parte superiore della torta con altra glassa.

20. Faux gras con pane tostato e sottaceti

ingredienti

- ❖ 100 g di burro, ammorbidito
- ❖ 300 g di fegatini di pollo o anatra biologici, mondati, puliti e asciugati

Per servire

- ❖ brioche a fette o lievito naturale
- ❖ Cornichons

- ❖ chutney
- ❖ fiocchi di sale marino

istruzione

1. Scaldare 50 g di burro in una padella finché non sfrigola, aggiungere i fegatini e friggere per 4 minuti fino a quando si colorano all'esterno e leggermente rosa al centro. Lasciar raffreddare, quindi versare il contenuto della padella in un robot da cucina o in un frullatore. Condite generosamente di sale e aggiungete il burro rimasto. Frullare fino ad ottenere una purea omogenea, quindi raschiare in un contenitore, lisciare la parte superiore e riporre in frigorifero a raffreddare per almeno 2 ore. Può essere fatto un giorno prima.

2. Per servire, grigliare fette di brioche o lievito naturale e versare alcuni cetriolini e chutney in pentolini. Metti un cucchiaio grande in una tazza di acqua calda. Come se servissi il gelato, versa un cucchiaio di faux gras su ogni piatto, immergendo il cucchiaio nell'acqua dopo ogni misurino. Cospargere alcuni fiocchi di sale su ogni misurino e servire con i toast, i cetriolini e il chutney.

21. FRULLATO DI ACAI AI FRUTTI DI MIRTILLO

INGREDIENTI

- ❖ pacchetto di oz acai congelato
- ❖ 1 banana
- ❖ 1 tazza di fragole
- ❖ 3/4 tazza di latte di mandorle o di anacardi

ISTRUZIONI

1. Aggiungi tutti gli ingredienti a un frullatore ad alta potenza e frulla fino a che liscio.

22 SMOOTHIE VERDE POST ALLENAMENTO

ingredienti

- ❖ 2 tazze di acqua filtrata
- ❖ 2 tazze di spinaci baby
- ❖ 1 banana, affettata e congelata
- ❖ 1 mela verde

- 1/4 di avocado
- 2 cucchiai di collagene in polvere
- 2 cucchiai di proteine in polvere
- 2 cucchiai di semi di chia

ISTRUZIONI

1. Metti tutti gli ingredienti in un frullatore ad alta potenza.
2. Frullare per 30 secondi o fino a ottenere un composto omogeneo.

23. FRULLATO DI PERSIMMON PICCANTE

2 cachi Fuyu maturi

1 banana, congelata

- 1 tazza di latte di mandorle, latte di anacardi o un altro latte di noci

- 1/4 cucchiaino di zenzero

- 1/4 cucchiaino di cannella

- un pizzico di chiodi di garofano macinati

ISTRUZIONI

1. Lavare i cachi e tagliare il gambo. Aggiungili insieme a tutti gli altri ingredienti in un frullatore ad alta potenza e frulla per un minuto.

2. Facoltativamente, guarnire l'interno di un bicchiere con una fetta sottile di cachi.

24. FRULLATO DI BARBABIETOLA DORATA, CAROTA E CURCUMA

2 barbabietole dorate, tritate

1 carota grande, tritata

- 1 banana, sbucciata, affettata e congelata
- 4 mandarini, sbucciati
- 1 limone, spremuto

- ❖ 1/4 cucchiaino di curcuma in polvere
- ❖ 1 tazza e mezzo di acqua fredda

RABBOCCO OPZIONALE

- ❖ carota grattugiata
- ❖ semi di canapa

ISTRUZIONI

1. Aggiungi tutti gli ingredienti in un frullatore ad alta potenza e frulla fino a che liscio.
2. Versare nei bicchieri e aggiungere eventuali condimenti opzionali

25. FRULLATO AL COLLAGENE AL CIOCCOLATO

2 tazze di latte di cocco o altro latte

1 banana congelata

❖ 2 cucchiai di burro di mandorle

❖ 1/4 tazza di cacao crudo in polvere

❖ 2 misurini o più peptidi di collagene di proteine vitali

ISTRUZIONI

1. Aggiungi tutti gli ingredienti a un frullatore ad alta potenza e frulla fino a che liscio.

26.ASHEW DATE SHAKE (VEGAN, PALEO)

- 2/3 di tazza di anacardi crudi, messi a bagno per 2-4 ore

- ❖ 6 datteri Medjool, snocciolati e lasciati in ammollo per 10 minuti

- ❖ 1 banana, affettata e congelata

- ❖ 3/4 di tazza d'acqua

- ❖ 2 tazze di ghiaccio

- ❖ 1 cucchiaino di estratto di vaniglia

- ❖ 1/4 cucchiaino di noce moscata

- ❖ pizzico di cannella

- ❖ un pizzico di sale

ISTRUZIONI

1. Una volta che gli anacardi e i datteri sono stati inzuppati e scolati, aggiungili a un frullatore ad alta potenza. Aggiungere gli ingredienti rimanenti e frullare a fuoco alto fino a ottenere un composto denso e cremoso.

27 CIOTOLA PER FRULLATO AL CILIEGIO SCURO

coppe ciliegie surgelate, snocciolate

1 banana

- 1/2 tazza di acqua di cocco

RABBOCCO OPZIONALE

- ciliegie intere

- fiocchi di cocco

- mandorle affettate

- granella di cacao crudo

ISTRUZIONI

1. Aggiungi le ciliegie congelate, la banana e l'acqua di cocco in un frullatore ad alta potenza. Frulla fino a ottenere un composto omogeneo.

2. Versare il composto di frullato in una ciotola e aggiungere i condimenti.

28. PITAYA SMOOTHIE BOWL

2 confezioni Pitaya Plus

1 banana

- ❖ 4 fragole

- ❖ 3/4 tazza di acqua di cocco

GUARNIZIONI OPZIONALI

- ❖ fragole

- ❖ kiwi

- ❖ anacardi ☐ Noce di cocco

ISTRUZIONI

1. Aggiungere la pitaya congelata, la banana, le fragole e l'acqua di cocco in un frullatore ad alta potenza. Frulla in alto per un minuto, finché non è ben amalgamato.

2. Versa il frullato di pitaya in una ciotola e aggiungi i condimenti.

29. Healthy Cacao, Banana, PB Smoothie

1 tazza di latte

½ banana congelata tritata, o più a piacere

- ❖ 2 cucchiai di burro di arachidi
- ❖ 2 cucchiaini di cacao amaro in polvere
- ❖ 1 cucchiaino di miele

istruzione

1. Mescola latte, banana, burro di arachidi, cacao in polvere e miele insieme in un frullatore fino a ottenere un composto omogeneo.

30 latte alla curcuma

1 tazza di latte di mandorle non zuccherato o bevanda al latte di cocco

- 1 cucchiaio di curcuma fresca grattugiata
- 2 cucchiaini di sciroppo d'acero puro o miele
- 1 cucchiaino di zenzero fresco grattugiato
- Un pizzico di pepe macinato
- 1 pizzico di cannella in polvere per guarnire

Istruzioni

1. Unisci latte, curcuma, sciroppo d'acero (o miele), zenzero e pepe in un frullatore. Frullare in alto fino a ottenere un composto omogeneo, circa 1 minuto. Versare in una piccola casseruola e scaldare a fuoco medio-alto fino a quando non è caldo ma non bollente. Trasferisci in una tazza. Guarnire con una spolverata di cannella, se lo si desidera.

31. Frullato di frutta e yogurt

3/4 di tazza di yogurt bianco senza grassi

- ❖ 1/2 tazza di succo di frutta puro al 100%
- ❖ 1 1/2 tazze (6 1/2 once) di frutta congelata, come mirtilli, lamponi, ananas o pesche

Istruzioni

1. Frullare lo yogurt con il succo in un frullatore fino a ottenere un composto omogeneo. Con il motore acceso, aggiungi la frutta attraverso il foro nel coperchio e continua a frullare fino a che liscio.

32. Unicorn Smoothie

1 ½ tazze di latte magro, divise

- 1 ½ tazze di yogurt alla vaniglia magro, divise
- 3 grandi banane, divise
- 1 tazza di more o mirtilli congelati
- 1 tazza di pezzi di mango congelati
- 1 tazza di lamponi o fragole congelati

❖ Star fruit, kiwi, frutti di bosco misti e semi di chia per guarnire

istruzione

1. Unisci 1/2 tazza di latte e yogurt, 1 banana e more (o mirtilli) in un frullatore. Frulla fino a ottenere un composto omogeneo. Dividete il composto in 4 bicchieri grandi. Metti in freezer. Risciacqua il frullatore.

2. Unisci 1/2 tazza di latte e yogurt, 1 banana e pezzi di mango nel frullatore. Frulla fino a ottenere un composto omogeneo. Dividi il composto sullo strato viola nei bicchieri. Rimetti i bicchieri nel congelatore. Risciacqua il frullatore.

3. Unisci la rimanente 1/2 tazza di latte e yogurt, la restante banana e lamponi (o fragole) nel frullatore. Frulla fino a ottenere un composto omogeneo. Dividere il composto sullo strato giallo dei bicchieri. Passa uno spiedino lungo i bordi per far roteare leggermente gli strati.

4. Se lo si desidera, disporre le fette di carambola, le fette di kiwi e le bacche su 4 spiedini di legno per guarnire ogni bicchiere. Cospargere con semi di chia, se lo si desidera.

33. Smoothie proteico al cioccolato e banana

1 banana, congelata

- ½ tazza di lenticchie rosse cotte
- ½ tazza di latte scremato

- ❖ 2 cucchiaini di cacao amaro in polvere
- ❖ 1 cucchiaino di sciroppo d'acero puro

Indicazioni

1. Unisci banana, lenticchie, latte, cacao e sciroppo in un frullatore.
2. Frullare fino a che liscio.

34 Frullato per la colazione cremoso

1 tazza di acqua di cocco pura fredda, senza zuccheri aggiunti o aromi (vedi suggerimento)

❖ 1 tazza di yogurt greco alla vaniglia senza grassi

❖ 1 tazza di pezzi di mango congelati o freschi

❖ 3 cucchiai di succo d'arancia concentrato congelato

- 2 tazze di ghiaccio

Indicazioni

1. Mescola acqua di cocco, yogurt, mango, concentrato di succo d'arancia e ghiaccio in un frullatore fino a che liscio.

35 Frullato di frutti di bosco e cocco

½ tazza di lenticchie rosse cotte (vedi Suggerimenti), raffreddate

- ¾ tazza di bevanda al latte di cocco alla vaniglia non zuccherata

- ½ tazza di frutti di bosco congelati

- ½ tazza di banana affettata congelata

- ❖ 1 cucchiaio di cocco grattugiato non zuccherato, più una quantità per guarnire

- ❖ 1 cucchiaino di miele

- ❖ 3 cubetti di ghiaccio

Indicazioni

1. Mettere le lenticchie, il latte di cocco, i frutti di bosco, la banana, il cocco, il miele e i cubetti di ghiaccio in un frullatore. Frulla in alto fino a ottenere un composto omogeneo, 2-3 minuti. Guarnire con altra noce di cocco, se lo si desidera.

36. Frullato di carote

1 tazza di carote affettate

- ½ cucchiaino di scorza d'arancia finemente sminuzzata
- 1 tazza di succo d'arancia
- 1 ½ coppe cubetti di ghiaccio

❖ 3 pezzi (1 pollice) riccioli di buccia d'arancia

Indicazioni

1. In una piccola casseruola coperta, cuocere le carote in una piccola quantità di acqua bollente per circa 15 minuti o fino a quando sono molto tenere. Scolare bene. Freddo.

2. Mettere le carote scolate in un frullatore. Aggiungere la scorza d'arancia finemente sminuzzata e il succo d'arancia. Coprite e frullate fino ad ottenere un composto omogeneo. Aggiungi cubetti di ghiaccio; coprire e frullare fino a che liscio. Versare nei bicchieri. Se lo si desidera, guarnire con riccioli di buccia d'arancia.

37. Ciotola per frullato di melata

4 tazze di melata congelata a cubetti (pezzi da 1/2 pollice)

- ½ tazza di bevanda al latte di cocco non zuccherata

- ⅓ tazza di succo verde, come l'erba di grano

- ❖ 1 cucchiaio di miele

- ❖ Pizzico di sale

- ❖ Palline di melone, frutti di bosco, noci e / o basilico fresco per guarnire

Istruzioni

1. Unisci la melata, il latte di cocco, il succo, il miele e il sale in un robot da cucina o in un frullatore ad alta velocità. Alterna tra pulsazioni e frullate, fermandoti per mescolare e raschiare i lati secondo necessità, fino a quando non diventa denso e liscio, da 1 a 2 minuti. Servire il frullato condito con altro melone, frutti di bosco, noci e / o basilico, se lo si desidera.

38. Frullato di burro d'arachidi e gelatina

½ tazza di latte magro

- ⅓ tazza di yogurt greco senza grassi
- 1 tazza di spinaci baby
- 1 tazza di fette di banana congelate (circa 1 banana media)
- ½ tazza di fragole congelate

- ❖ 1 cucchiaio di burro di arachidi naturale
- ❖ 1-2 cucchiaini di sciroppo d'acero puro o miele (facoltativo)

Istruzioni

1. Aggiungere il latte e lo yogurt in un frullatore, quindi aggiungere gli spinaci, la banana, le fragole, il burro di arachidi e il dolcificante (se utilizzato); frullare fino a che liscio.

39 Ciotola per frullato al melone

4 tazze di melone congelato a cubetti (pezzi da 1/2 pollice)

- ¾ tazza di succo di carota

- Pizzico di sale

- Palline di melone, frutti di bosco, noci e / o basilico fresco per guarnire

Istruzioni

1. Unisci il melone, il succo e il sale in un robot da cucina o in un frullatore ad alta velocità. Alterna tra pulsazioni e frullate, fermandoti per mescolare e raschiare i lati secondo necessità, fino a quando non diventa denso e liscio, da 1 a 2 minuti. Servire il frullato condito con altro melone, frutti di bosco, noci e / o basilico, se lo si desidera.

40. Frullato di avocado verde di Jason Mraz

1 ¼ tazze di latte di mandorle non zuccherato freddo o bevanda al latte di cocco

- ❖ 1 avocado maturo

- ❖ 1 banana matura

- ❖ 1 mela dolce, come Honeycrisp, a fette

- ❖ ½ gambo di sedano grande o 1 piccolo, tritato
- ❖ 2 tazze di foglie di cavolo o spinaci leggermente confezionate
- ❖ 1 pezzo di zenzero fresco sbucciato da 1 pollice
- ❖ 8 cubetti di ghiaccio

Istruzioni

1. Mescola bevanda a base di latte, avocado, banana, mela, sedano, cavolo (o spinaci), zenzero e ghiaccio in un frullatore fino a ottenere un composto omogeneo.

41. Tofu Tropic Smoothie

2 tazze di mango congelato a cubetti

1 ½ tazze di succo d'ananas

- ❖ ¾ tazza di tofu vellutato
- ❖ ¼ di tazza di succo di lime
- ❖ 1 cucchiaino di scorza di lime grattugiata fresca

Istruzioni

1. Unisci il mango, il succo d'ananas, il tofu, il succo di lime e la scorza di lime in un frullatore; frullare fino a che liscio. Servite subito.

42 Buon frullato di tè verde

3 tazze di uva bianca congelata

2 tazze confezionate di spinaci baby

- 1 tazza e mezzo di tè verde preparato forte (vedi suggerimento), raffreddato
- 1 avocado medio maturo
- 2 cucchiaini di miele

Istruzioni

1. Unisci uva, spinaci, tè verde, avocado e miele in un frullatore; frullare fino a che liscio. Servite subito.

43. frullato di lino arancione

2 tazze di fette di pesca congelate

1 tazza di succo di carota

❖ 1 tazza di succo d'arancia

❖ 2 cucchiai di semi di lino macinati (vedi suggerimento)

- ❖ 1 cucchiaio di zenzero fresco tritato

Istruzioni

1. Unire le pesche, il succo di carota, il succo d'arancia, i semi di lino e lo zenzero nel frullatore; frullare fino a che liscio. Servite subito.

44. Ciotola per frullato sirena

2 banane congelate, sbucciate

2 kiwi, sbucciati

- ❖ 1 tazza di ananas fresco a pezzi
- ❖ 1 tazza di latte di mandorle non zuccherato
- ❖ 2 cucchiaini di spirulina blu in polvere
- ❖ ½ tazza di mirtilli freschi
- ❖ ½ mela Fuji piccola, affettata sottilmente e tagliata a forma di fiore da 1 pollice

Istruzioni

1. Unisci banane, kiwi, ananas, latte di mandorle e spirulina in un frullatore. Frulla in alto fino a che liscio, circa 2 minuti.

2. Dividi il frullato in 2 ciotole. Completare con mirtilli e mele.

45 Ciotola per frullato verde mandorle e matcha

- ½ tazza di banana affettata congelata
- ½ tazza di pesche a fette congelate
- 1 tazza di spinaci freschi
- ½ tazza di latte di mandorle non zuccherato
- 5 cucchiai di mandorle a scaglie, divise
- 1 ½ cucchiaini di tè matcha in polvere
- 1 cucchiaino di sciroppo d'acero
- ½ kiwi maturo, tagliato a dadini

Istruzioni

1. Mescola banana, pesche, spinaci, latte di mandorle, 3 cucchiai di mandorle, matcha e sciroppo d'acero in un frullatore fino a ottenere un composto omogeneo.

2. Versare il frullato in una ciotola e guarnire con il kiwi e i 2 cucchiai rimanenti di mandorle a lamelle.

46. Unicorn Smoothie

1 ½ tazze di latte magro, divise

1 ½ tazze di yogurt alla vaniglia magro, divise

- ❖ 3 grandi banane, divise
- ❖ 1 tazza di more o mirtilli congelati
- ❖ 1 tazza di pezzi di mango congelati
- ❖ 1 tazza di lamponi o fragole congelati
- ❖ Star fruit, kiwi, frutti di bosco misti e semi di chia per guarnire

Istruzioni

1. Unisci 1/2 tazza di latte e yogurt, 1 banana e more (o mirtilli) in un frullatore. Frulla fino a ottenere un composto omogeneo. Dividete il composto in 4 bicchieri grandi. Metti in freezer. Risciacqua il frullatore.

2. Unisci 1/2 tazza di latte e yogurt, 1 banana e pezzi di mango nel frullatore. Frulla fino a ottenere un composto omogeneo. Dividi il composto sullo strato viola nei bicchieri. Rimetti i bicchieri nel congelatore. Risciacqua il frullatore.

3. Unisci la rimanente 1/2 tazza di latte e yogurt, la restante banana e lamponi (o fragole) nel frullatore. Frulla fino a ottenere un composto omogeneo. Dividere il composto sullo strato

giallo dei bicchieri. Passa uno spiedino lungo i bordi per far roteare leggermente gli strati.

4. Se lo si desidera, disporre le fette di carambola, le fette di kiwi e le bacche su 4 spiedini di legno per guarnire ogni bicchiere. Cospargere con semi di chia, se lo si desidera.

47 Frullato di melone triplo

½ tazza di anguria tritata

½ tazza di melone maturo tritato

- ½ tazza di melone di melata maturo tritato
- ¼ di tazza di avocado a dadini
- 6 cubetti di ghiaccio

❖ Spremere il succo di lime

Istruzioni

1. Unisci anguria, melone, melata, avocado, ghiaccio e succo di lime in un frullatore. Frullare fino a che liscio.

48 Frullato di agrumi

1 ¼ tazze di bacche fresche

¾ tazza di yogurt bianco magro

- ½ tazza di succo d'arancia
- 2 cucchiai di latte in polvere scremato
- 1 cucchiaio di germe di grano tostato
- 1 cucchiaio di miele
- ½ cucchiaino di estratto di vaniglia

Istruzioni

1. Mettere i frutti di bosco, lo yogurt, il succo d'arancia, il latte in polvere, il germe di grano, il miele e la vaniglia in un frullatore e frullare fino a ottenere un composto omogeneo.

49. Smoothie anguria e curcuma

4 tazze di anguria a pezzi, senza semi

½ tazza di acqua

- ❖ 3 cucchiai di succo di limone
- ❖ 3 cucchiai di zenzero fresco sbucciato grossolanamente

- ❖ 3 cucchiai di curcuma fresca sbucciata grossolanamente (vedi suggerimento) o 1 cucchiaino macinato
- ❖ 4 cucchiaini di miele
- ❖ 1 cucchiaino di olio extravergine di cocco
- ❖ Pepe macinato

Istruzioni

1. Unisci anguria, acqua, succo di limone, zenzero, curcuma, miele, olio e pepe in un frullatore. Frullare fino a che liscio, circa 1 minuto.

50 Frullato davvero verde

1 banana matura grande

1 tazza di cavolo riccio confezionato o cavolo nero maturo tritato grossolanamente

❖ 1 tazza di latte di mandorle alla vaniglia non zuccherato

❖ ¼ di avocado maturo

- 1 cucchiaio di semi di chia
- 2 cucchiaini di miele
- 1 tazza di cubetti di ghiaccio

Istruzioni

1. Unisci banana, cavolo riccio, latte di mandorle, avocado, semi di chia e miele in un frullatore. Frulla in alto fino a ottenere un composto cremoso e omogeneo. Aggiungere il ghiaccio e frullare fino a che liscio.

Conclusione

Se stai cercando un modo per aggiungere un po 'di nutrimento alla tua dieta quotidiana o stai cercando di saperne di più sui frullati per iniziare la tua prima pulizia, ora hai alcune eccellenti ricette e suggerimenti per iniziare. Ricorda, però, di usarlo come guida generale. Una volta che hai imparato a mescolare i sapori, sentiti libero di creare le tue miscele in base ai tuoi gusti e ai tuoi obiettivi di salute.

www.ingramcontent.com/pod-product-compliance
Lightning Source LLC
Chambersburg PA
CBHW071826080526
44589CB00012B/931